Jolanta Gorawski Zalewska

Alpha & Omega

Danksagung

Mein herzlicher Dank geht an all diejenigen, die zur Entstehung dieses Buches beigetragen haben. Tiefe Worte der Dankbarkeit an all jene, die jeden Tag das Licht an meinen Lebensweg bringen.

Bibliografische Information der Deutschen Nationalbibliothek:
Die Deutsche Nationalbibliothek verzeichnet diese Publikation in der Deutschen Nationalbibliografie; detaillierte bibliografische Daten sind im Internet über http://dnb.dnb.de abrufbar.

Erste Auflage: 2018

Autor & Übersetzung: Jolanta Gorawski Zalewska

Druckvorbereitung & Layout: Adrian Rößler

Buchcover & Grafik: Anna Rößler | ohmegastudio.de

Herstellung und Verlag: BoD – Books on Demand, Norderstedt

ISBN: 978-3-7528-3313-3

Gedichte Inhaltsverzeichnis

8 Mein Zuhause

9 Die Schönheit eines regnerischen Tages

10 Leidenswunder

11 Bist du ein Traum?

12 Du warst mein

13 Du bist mein Lehrer

14 Deine Worte

15 Ich gehe mit dir

16 Du bist überall

17 Dein Glanz

18 Liebe dich selbst

19 Winterzauber

20 Dein Gesicht

21 Deine Nähe

22 Dieser Moment

23 Der Weg der Erkenntnis

24 Dein größtes Geschenk

25 Du bist bei mir

26 Die Seltsamkeit unserer Bekanntschaft

27 Abschied von meiner Vergangenheit

28 Sehnsucht nach dir

29 Hilf mir

30 Danke für das Leben

31 Mit dir sein

32 Alles ist dein

33 Wie lange noch?

34 Wo werde ich dich finden?

35 Macht der Liebe

36 Meine Freundschaften

37 Mein Schlüsselgeheimnis

38 Ich habe meinen Weg gefunden

Vorwort

Es war einmal... mit diesen Worten beginnt mein Märchen, ein
Märchen aus meinem Leben. Wie eine schlafende Prinzessin, die eine
kostbare Perle fand, wachte ich aus einem langen Winterschlaf auf. Und
in meinem Märchen gibt es einen bösen Zauberer und die bösen Hexen.
Aber, da ist auch der Eine, Auserwählte, Geliebte. Er ist mein Alpha und
Omega. Mit Ihm beginnt alles und mit Ihm endet alles. Das Märchen, in
dem ich mich befand, faszinierte mich. Ich habe einen polnischen
Gedichtband geschrieben, den ich nach vielen Jahren neu erstellt habe.
Diesmal in einer anderen Sprache, auf Deutsch. So entstand das Werk,
die polnisch-deutsche Sammlung meiner Gedichte.

Mein Zuhause

Es ist ein Ort, wo ich glücklich bin
Ich suche nach Wahrheit, du führst mich dorthin
Ich bin angekommen und gehe mit dir
Hier spür ich den Frieden, hier fand ich zu mir
Du bist mein Atemzug, ich atme tief ein
Du bist die Stille, die Ruhe und Glückseligkeit
Und so schnell gebe ich mich nicht auf
Ich sehe zum Himmel, ganz hoch hinauf
Meine Welt erlischt langsam im Tageslicht
Die Sonne zeigt mir immer dasselbe Gesicht
Hier fühle ich die Kraft und spüre deine Stärke
Du bist hier, du bist da, ich sehe deine Werke
Es ist ein Ort, wo ich glücklich bin
Du zeigst mir die Wahrheit, du führst mich dorthin

o

Die Schönheit eines regnerischen Tages

Der Himmel ist traurig, der Himmel ist schwarz
Die Wolken, sie tanzen einen Gewittertanz
Ich schließe die Augen und atme tief ein
Ich stehe im Regen, möchte ein Teil von ihm sein
Die Tropfen laufen langsam über mein Gesicht
Sind das deine Tränen oder auch nicht?
So sanft die Regentropfen von oben fallen
Ich würde dein Gesicht jetzt so gerne malen
Fallen von oben… wie Perlen… Kristalle
Kommen sie zu Boden, verschwinden sie alle
Zeig mir dein Antlitz, Gottes Gesicht
Sei bitte nicht traurig, bitte, weine nicht
Du führst mich weiter im Sturm und Regen
Das ist deine Berührung, es ist dein Segen
Der Wind und Sturm, eine Gewitterpracht
Sind voller Schönheit und deine Macht

o

Leidenswunder

Ich weiß nicht wie und ich weiß auch nicht wann
Habe zu dir gefunden, ich habe dich erkannt
Es war ein wunderbarer Frühling, draußen der Mai
Für mich war die Zeit zum Abschied, für die Worte „goodbye"
Im Herzen die Trauer, weil schneller Tod
Sie hat mich entführt in schwarze Not
Kein Sinn für das Leben und keine Ziele
Und nur die Tränen, sie waren so viele
Mein Herz war zerrissen, alles drehte sich herum
Ich habe den Sinn nicht verstanden, die Frage war: warum?
Es war im Monat Mai, der Flieder blüht und riecht in der Luft
Der Frühling erfüllt war von dem betörenden Duft
Ich hörte die Stimme, voller Vertrauen
"Das Leid und Schmerz nicht ewig dauern"
Du hast mir gesagt, du seist bei mir
"Leb ohne Sorgen, ich stehe zu dir"
Auf einmal die Sonne und Regenbogen
Die grauen Wolken sind weggezogen
Du bist mein Vater, ich bin dein Kind
Endlich, mein Leben hat einen Sinn

o

Bist du ein Traum?

In meinem Traum habe ich dich gesehen
Ich weiß es ist wahr, es ist wirklich geschehen
Wir beide spazierten am langen Strand
Unsere Spuren verblieben im Sand
Du zeigtest mir Bilder aus meinem Leben
Glaube und Hoffnung hast du mir gegeben
Und alles drehte sich um mich herum
Ich fragte dich leise "wieso und warum"
Ich konnte es nicht fassen, wo ist hier der Sinn
Konnte nicht verstehen, wo ich jetzt bin
Und deine Stimme hörte ich im Wind
"Ich bin immer bei dir, mein liebes Kind"
Du bist das Licht in meinem Leben
Mein Selbstvertrauen hast du mir gegeben
Wohin du mich auch führst, ich gehe dort hin
Du bist mein Leben, mein Lebenssinn

o

Du warst mein

Du warst mein, ich fühlte dich so nah
Deine Berührung bedeutete alles
Du warst immer für mich da
Die Erhebung meiner Seele, zu dir, mein Gott
Ich rufe zu dir, aus tiefer Not
Meine Glückseligkeit habe ich verloren
In deinen Armen bin ich wiedergeboren
Ich will dich finden, dich wieder bei mir spüren
Deine Wärme, deine Hände, mich zärtlich berühren
In der Stille finde ich, deine Kraft und deine Stärke
Du umgibst mich überall, ich sehe deine Werke
Die Gegenwart des Göttlichen möchte ich erfahren
Meinem Ziel folgen, die Liebe im Herzen bewahren
Ich habe den inneren Raum der Stille entdeckt
Für viele verborgen, geheim und versteckt
Ich gehe den Weg des Buddha, folge Jesus nach
Bin offen für Wahrheit, die Liebe hält mich wach

o

Du bist mein Lehrer

Wohin mich mein Herz auch weiter trägt
Egal wie viele Steine liegen auf dem Weg
In jenen Momenten, wenn es am schwersten ist
Ich weiß, du bist bei mir, wie schwierig es auch ist
Öffne meine Augen, lass es mich hören
Lehre mich zu lieben, Bescheidenheit zu spüren
Hilf mir zu verstehen dein Gottes Wort
Auch wenn ich allein bin, am fremden Ort
Ganz fern sehe ich dein Licht am Horizont
Verspüre keine Angst, egal was auch kommt
Ich höre dich immer, du musst nichts sagen
Durch schwere Zeiten, wirst du mich tragen
Ich bin auf dem Weg, hinauf zu den Sternen
Was Liebe bedeutet, von dir kann ich es lernen
Weil du die Liebe selber bist
Weil du mich liebst und mich niemals vergisst

o

Deine Worte

Schaue hin, siehe die Schönheit um dich herum
Lebe hier und jetzt und frag nicht "warum"
Genieße den Moment, er ist für dich gemacht
Sei mutig und entschlossen, ich gebe auf dich Acht
Der Tag vergeht schnell, die dunkle Nacht erwacht
Der Mond steht am Himmel und jetzt zu dir lacht
Sorge dich nicht, lebe und schau genauer hin
Ich zeig dir die Wahrheit, wer ich wirklich bin
Lebe den Moment, ich bin dir so nah
Die Liebe wird dich tragen, die Liebe ist da

o

Ich gehe mit dir

Du bist da, wenn die Blätter von den Bäumen fallen
Du bist hier, wenn kahle Äste zum Himmel schauen
Ich gehe alleine und doch spüre ich dich
Du bist da, von allen Seiten umgibst du mich
Mein Leben mit dir, ist ein Abenteuer
Du bist in meinem Leben, die Flamme, das Feuer
Das Lied der bunten Vögel, es weckt mich auf
Die Sonne steigt wieder am Himmel hinauf
Ich spüre den Wind an meiner Haut
Das ist deine Berührung, so sanft und so zart
Du bist in jedem Atemzug, ich atme tief ein
Ich höre deine Worte "du gehst nie allein"
Die Wiese ist heute von Tau bedeckt
In jedem Tautropfen hast du dich versteckt
Deine Nähe und Schönheit erfüllen mich
Ich bin bereit für die Liebe, mein Herz öffnet sich

o

Du bist überall

In der Stille, werde ich dich finden
Meine Sorgen und Ängste überwinden
Du bist die Sonne an meiner Haut
Du bist der Wind, der mich nach vorne treibt
Und der Mond am Himmel, der deinen Namen ruft
Überall leuchtende Farben und betörender Duft
Der Zauber des Göttlichen, ich tauche hinein
In Regenbogenfarben leuchtet dein ewiger Schein
Ich lausche schweigend deinen Worten im Wind
Wenn die Nacht endet und der neue Tag beginnt
Im Sturm und im Regen, spüre ich deine Macht
Ich weiß, du bist bei mir, meine Seele lacht
Für mich bist du der Stern, für mich bist du das Licht
Ich suche deine Nähe, du vergisst mich nicht

o

Dein Glanz

Ich kenne dich, du bist die Liebe selbst
Sag mir bitte, was du von mir hältst
Du bist das Feuer, ich stehe in Flammen
Ich gehe mit dir, wir gehören zusammen
Ohne dich, verliert mein Leben seinen Glanz
Mein Leben mit dir, unser gemeinsamer Tanz
Dort, wo viel Licht ist, ist auch viel Schatten
Du bist die Nacht, der Tag und alles, was wir hatten
Ohne dich herrscht die Trauer und Nachtdämmerung
Mit dir bekomme ich Kraft zur Veränderung
Du bist die Freude, du bist das Lachen
Du schenkst mir deine Weisheit, etwas zu machen
Das Gestern ist vergangen, der Morgen ist noch fern
Ich lerne im Jetzt zu leben, mit dir, mein Gott, mein Herr
Deine Worte verstehe ich aus meiner Perspektive
Dass das Leben auf Erden, es ist Zeit für die Liebe

o

Liebe dich selbst

Deine Güte ist hier, sie umgibt mich überall
Deine Liebe vergibt immer, sie ist rein wie ein Kristall
Du siehst meine Fehler, hörst meinen inneren Schrei
Du spürst, dass durch Schmerz mein Herz ist entzwei
So viele Jahre lebte ich im Dunkeln
Konnte die Sterne nicht sehen, wie sie leuchten und funkeln
Deine Helligkeit war unbekannt, so weit und so fern
Eine Märchengestalt, wie von einem anderen Stern
Ich habe deine Worte nicht zu Ende gelesen
"Liebe deinen Nächsten" doch mich habe ich vergessen
Immer in der zweiten Reihe, habe ich mich versteckt
Und du hast mich wieder zum Leben erweckt
Ich hörte deine Stimme, ganz leise in mir
Dass du auf mich achtest, du bist bei mir

"du bist ein Geschenkt, du bist auch ein Segen
Du bist wie die Sonne, wirst gebraucht, wie der Regen
Lasse dich feiern, es ist dein Leben
Es ist an der Zeit, sich selbst zu vergeben
Du stehst dir im Weg, so kann es nicht weitergehen
Du bist sehr wichtig, es muss etwas geschehen
Die wirkliche Veränderung, sie beginnt in dir
Du bist bereit für den ersten Schritt, steh auf und probiere
Es ist an der Zeit, sich selbst lieben zu lernen
Fliege hoch hinauf und greife nach den Sternen"

o

Winterzauber

Du bist das Licht, das meinen Tag erhellt
Wenn der Schnee ganz leise auf die Erde fällt
Die Welt versinkt im strahlenden Weiß
Ich dreh mich vor Freude, gelassen im Kreis
Wie schön und verzaubert ist unsere Welt
Wenn der Schnee ganz langsam vom Himmel fällt
Es ist ein Märchen, ein Wunderland
Ich kann es nicht fassen mit meinem Verstand
Flaumig liegt der Schnee auf den Sträuchern und Bäumen
Es ist die Zeit zum kuscheln, die Zeit zum Träumen
Die frostigen Morgen und kalten Abende
Die Schneeflocken fallen so sanft in meine Hände
Deine Schönheit ist zu sehen, deine Gaben sind da
Alles ist so greifbar, du bist mir hautnah
Ich spüre eine Windbrise auf meinem Gesicht
So einen Tag wie heute, vergesse ich nicht

o

Dein Gesicht

Das Turiner Grabtuch mit deinem Gesicht
Ist voller Vertrauen in meiner Sicht
Du zeigst viel Verständnis, zum Verzeihen die Kraft
Die Hoffnung, die Liebe und Gottes Macht
Du trägst dein Leiden und deinen Schmerz
Auch stille Geduld in deinem Herz
Wo ist dein Stolz oder menschliche Wut?
Du zeigst nur Liebe und auch viel Mut
Ich schaue leise in dein Gesicht
Rede mit dir, führe mich ans Licht
Ist kein Geheimnis das ich dich mag
Und dein Gesicht, was vor mir lag

o

Deine Nähe

Das Reich Gottes ist in dir und um dich herum
Öffne deine Augen, sei nicht taub, sei nicht stumm
Er ist nicht in Gebäuden aus Holz und aus Stein
Öffne deine Seele, Er ist dort daheim
Spalte ein Stück Holz und Er ist da
Du verspürst seine Nähe, ganz klar und hautnah
Hebe einen Stein auf, dort wirst du Ihn finden
Öffne dein Herz, du musst deine Ängste überwinden
Er ist unbeschreiblich schön, und immer für dich da
Du kannst Ihn berühren und spüren, Er ist wunderbar
Wem sich die Bedeutung dieser Worte entschlüsselt,
der wird nicht des Todes sein
„Ich bin der Weg, die Wahrheit und das Leben
Bei dir bist du daheim, geh in dich hinein"

o

Dieser Moment

Zu neuem Leben wurde ich wiedergeboren
Ohne dich war es dunkel, die Liebe war erfroren
Die Stille, die Ruhe, die Einsamkeit genießen
Meine Sinne öffnen sich, ich kann mein Herz nicht verschließen
Neue Kraft schöpfen um neu beginnen zu können
Ich will mir ab und zu auch mal Ruhe gönnen
Du bist unsichtbar, aber doch so klar, so nah und greifbar
Ich folge dir nach, du bist da, ich bin dir so dankbar
Mein Herz schlägt nur für dich, meine Gedanken sind bei dir
Ich spüre dich hier, du bist das Licht, ganz tief in mir
Es ist an der Zeit, zu schweigen und zu lauschen
Der Wind bläst, hörst du die Blätter rauschen?
Es ist an der Zeit, in sich zu gehen
Nichts bleib wie es ist, alles wird vergehen
Ich habe deine Stimme, deine Worte gehört
Im Hier und Jetzt leben, weil das Heute zählt
Wir müssen aufwachen und die Worte verstehen
Wir ernten nur das, was wir heute säen

o

Der Weg der Erkenntnis

Ich folge dir auf dem Weg der Einheit
Der Weg meiner Erkenntnis, der Weg in die Freiheit
Es tut so gut, wenn du bei mir bist
Du bist das Beste, was mir je passiert ist
Ich bin auf dem Weg zu dir, mein Gott, mein Herr
Mein Herz bricht entzwei und blutet so sehr
Es ist die Sehnsucht, die mich vorwärts treibt
Alles verschwindet langsam, nur die Liebe bleibt
Das Ziel ist weit, der Weg ist steinig und beschwerlich
Jeder Schritt bringt mich weiter, mutig und ehrlich
Du führst mich in die Ferne, ganz weit hinaus
Wir gehen gemeinsam, du immer voraus
Die wahren Schätze des Lebens bringst du mir bei
Leben, lieben, lachen, mit dir bin ich frei

o

Dein größtes Geschenk

Ich entscheide mich für das Leben
Ich entscheide mich für Dich
Meine Liebe möchte ich dir geben
Mein Dasein und mein wahres Ich
Und ein Märchen ist mein Leben
Wie ein Traum im Wunderland
Selbstvertrauen du hast mir gegeben
Ich halte mutig deine Hand
Der geheimnisvolle Morgen
Viele unbekannte Ziele
Ein Leben ohne Sorgen
Wonach ich such ist nur dein Wille
Dein größtes Geschenk
Hast du mir gegeben
Wenn ich leise nachdenke
Ist für mich mein Leben

o

Du bist bei mir

Ich suche nach deiner Stimme, wie ein verlorenes Schaf
Im Labyrinth des Lebens, dort wo ich dich traf
Die Zeit bleibt nicht stehen, die Zeit vergeht so schnell
Die Nacht neigt sich dem Ende, langsam wird es hell
Der Kreislauf des Lebens, dreht sich immer weiter
Ich klettere immer höher, auf meiner Lebensleiter
Mein Weg ist holprig, mein Weg ist sehr krumm
Ich gehe gerade, ich frage nicht "warum"
Ich brauche deine Wärme und spüre die Nähe
Und bekomme das zurück, was ich heute säe
Das Leben ist kostbar, und sehr viel wert
Für die Zeit, die mir noch bleibt, auf dieser Welt

o

Die Seltsamkeit unserer Bekanntschaft

Ganz aus Versehen, durch Zufall lernten wir uns kennen
Mit Weihnachten vereint, wir konnten uns nicht trennen
Die Zeit für Veränderung war da, die Zeit für was Neues
Für fremde, unbekannte Ziele, ich spürte es
Für geheimnisvolle Wege und unentdeckte Orte
Die neue Welt der Freude und kreativer Worte
Der Zauber der Poesie war in mir geboren
Die spirituelle Liebe erwachte, ich öffnete meine Ohren
Unsere Wege sind unterschiedlich, aber doch sehr ähnlich
Jeder Moment ist schön, herrlich und außergewöhnlich
Wir sind eine Gemeinschaft, wir sind in Gott vereint
Sein Licht erleuchtet alles, die Wahrheit erscheint

o

Abschied von meiner Vergangenheit

Deinen Händen vertraue ich unsere Liebe an
Du bist bei mir, ich vertraue dem göttlichen Plan
Der Regenbogen, der sich in den Wolken zeigt
Ist wie ein Symbol der Sehnsucht, das in den Himmel steigt
Ist wie eine Brücke, zwischen damals und jetzt
Mein Herz war zerrissen, die Seele verletzt
Auf die andere Seite möchte ich mit dir gehen
Alles hinter mir lassen, um mich selbst zu verstehen
Zu meiner Vergangenheit sage ich heute „Auf Wiedersehen"
Alles auf mich zukommen lassen und neu zu beginnen
Ich lerne zu verzeihen, zu vergeben und zu lieben
Liebet einander - so steht es geschrieben
Ich blicke nach vorne, schaue nicht mehr zurück
Ich lebe in der Gegenwart, genieße den Augenblick

o

Sehnsucht nach dir

Meine Gefühle und Gedanken sind nur mit dir verbunden
Auf meinem Lebensweg habe ich zu dir gefunden
Ich möchte das Gefühl der Verbundenheit spüren
Und nur du allein, kannst mir öffnen die Türen
Die Lebensenergie wieder zum Fließen zu bringen
Sanftes Strömen spüren und ein gutes Wohlbefinden
Deine Schönheit ist hier, du umgibst mich überall
Bist wie ein leichter Windhauch, klar wie ein Kristall
Neue Türen zu öffnen, es gehört auch Mut dazu
Leben heißt, sich zu verändern, das Leben bist nur du
Leben heißt, immer wieder durch neue Räume zu gehen
Niemals aufzugeben und immer wieder aufzustehen
In mir ist die Liebe, die das Wunder schafft
Schweigen ist Gold, in der Ruhe liegt die Kraft
Ich spüre die Schönheit des Lebens um mich herum
Du bist die Liebe, das Vertrauen, du bist mein Universum

o

Hilf mir

Hilf mir zu leben und zu vergessen was war
Den Moment zu genießen, zu erleben hautnah
Vollkommen im Hier und Jetzt zu sein
Ich tauche leise in meine Welt hinein
Der gegenwärtige Moment ist jetzt wichtig
Den jetzigen Moment zu achten, ist richtig
Hilf mir, mit Mut durchs Leben zu gehen
Meine Gefühle für andere Menschen zu verstehen
Mit dem Augenblick zu verschmelzen
Liebe sieht man nicht mit den Augen,
sondern mit dem Herzen

o

Danke für das Leben

Du bist eine Offenbarung für mich
Meine Zuflucht und Stärke
Du bist mein Herr und mein Gott
Ich bewundere deine Werke
Du bist wertvoller als alle Schätze dieser Welt
Mein Herz hat dich gefunden
Du bist die Liebe, die uns zusammenhält
Mit dir bin ich verbunden
Du bist die wertvollste Perle im großen Ozean
Der Stern meiner Träume
Du bist der Schöpfer im Göttlichen Plan
Du reißt alle Mauern ein und auch die Zäune
Du bist die Helligkeit der Sterne, sie leuchten jede Nacht
Alles ist im Göttlichen Plan aus der Dunkelheit
Aufgewacht, erweckt und zum Leben erwacht
Danke für den Sturm, den Schnee, den Wind und die Sterne
Für die heißen Sommertage und kalten Abende
Wenn meine Seele ist traurig und einsam
Kommt ein Freund vorbei und wir lachen gemeinsam
Danke für mein Leben, für dich, für alles und alle
Nur mit dir zerbricht und weicht meine harte Schale

o

Mit dir sein

Meine Augen öffnen sich, ich bin aufgewacht
Wenn die Nacht zu Ende geht und ein neuer Tag erwacht
Du bist der erste Gedanke, wenn ich aufwache
Du bist bei mir, wenn ich weine oder lache
Ich lasse mich von dir entführen und berühren
Deine Wärme, deine Liebe tief in mir spüren
Die Zeit vergeht so schnell, wie vom Winde verweht
Der Tag neigt sich dem Ende und der Mond am Himmel steht
Meine Seele ist erfüllt von deiner Schönheit
Du bist die Wärme des Lebens, du bist die Ewigkeit
Die Gefühle in mir sind voller Glückseligkeit
Es ist soweit, es ist Zeit für die Wahrheit
Du bist das A und das O, der Anfang und das Ende
Herr, ich lege mein Leben in deine Hände
Du bist das Alpha und das Omega, du bist das Licht
Du zauberst mir immer wieder ein Lächeln ins Gesicht
Ich sehe die Wahrheit, die du mir vor Augen hältst
"Liebe deinen Nächsten genauso wie dich selbst"

o

Alles ist dein

Deine Zärtlichkeit ist mir so nah
Deine Liebe bedeutet mir alles, du bist immer da
In einfachen Worten erklärst du die Wahrheit
Von dir kommen die Ehrlichkeit, der Mut und die Klarheit
Du bist die Musik, eine Hymne an das Leben
Das Licht für die Seele, du bist ein Segen
Du bist der Sturm und dann wieder einfühlsam und leise
Ich sehe dich, ich spüre dich, auf jede erdenkliche Weise
Du allein bist alles in allem, du bist da, ganz nah
Du bist der Sinn des Lebens, du bist so wunderbar

o

Wie lange noch?

Wie lange wird dauern dein Schmerz und dein Leiden?
Kannst du es nicht beenden oder vermeiden?
Wie lange die Tränen werden fließen und Blut wird vergossen?
Im Herzen wird der Hass ohne Hoffnung geschlossen
Wie lange willst du leben, ohne Liebe und Schönheit?
Zerstörte Familien und traurige Kindheit
Im Dunkel wird herrschen nur Panik und Angst
Und deine Gefühle kennen nur den Hass
Zeig endlich deinen Mut, deine Liebe und Stärke
Dass du lebst und liebst, zeig deine Werke
Ohne Terror und Krieg, nur Leben in Freiheit
Lieben miteinander, erkennen der Wahrheit

o

Wo werde ich dich finden?

Wenn die Nachtigall singt
Wenn die Nacht ihre Schatten mit sich bringt
In den Sternen ganz oben, am Sternenzelt
Auch, wenn ein Regentropfen zu Boden fällt
Du bist die Blume auf einer Wiese
Ein Hauch von Wind, eine kühle Brise
Der zarte Sonnenstrahl auf meiner Haut
Er gibt mir Wärme, er ist mir vertraut
Im Lachen eines Kindes hast du dich versteckt
Wenn der Frühling uns wieder zu neuem Leben erweckt
Im Winter die Zeit, der kuscheligen Abende
Wenn die Schneeflocken fallen sanft in die Hände
Und wenn der Herbst seine volle Schönheit zeigt
Du bist die Magie unserer Seele, wenn sie zum Himmel steigt
Du bist die Träne meiner Trauer, der Verzweiflung und Wut
Wenn ich weine oder lache, wenn ich Angst habe oder Mut
Du rettest jede Seele, machst alle Türen auf
Du öffnest die Tore des Himmels, wir warten nur darauf

o

Macht der Liebe

Es spielt keine Rolle, wie weit wir sind voneinander entfernt
Du bist immer bei uns, habe ich verstanden, so hast du es mich gelehrt
In schweren Zeiten hast du uns getragen, und immer stark gemacht
Die Sehnsucht weggenommen, jede Träne weggelacht
Du bist eine unsichtbare Brücke, die alles näherbringt
Deine Liebe verbindet uns, ist wie ein Lied, es singt
Die Hymne auf das Leben, die Symphonie des Lebens
Wir suchen nach dem Sinn, manchmal auch vergebens
Ein Blick zurück, zurück in meiner Kindheit
Ich war noch nicht bereit, ich war blind für die Schönheit
Heute weiß ich, dass sich die Welt im Kreise dreht
Dass, nichts ewig dauert und irgendwann vergeht
Heute weiß ich, du hast dich damals in Maiglöckchen versteckt
In einem zarten Duft von Flieder habe ich dich entdeckt
Jede Träne, jedes Lächeln meiner Mutter hatte eine Bedeutung
Ich habe es damals nicht verstanden, ich war zu klein, ich war noch zu jung
Es war bedingungslose Liebe, die Sehnsucht nach Geborgenheit und Freiheit
Sie war da, in guten wie in schlechten Tagen, in Gesundheit und in Krankheit
Heute sehe ich es anders, aus einer anderen Perspektive
Danke Gott, Danke Mama, im Namen der Liebe

o

Meine Freundschaften

Wir waren jung, wir waren noch Kinder
Die Welt lag uns zu Füßen, wir waren Erfinder
Wir sind auf verschiedene Arten durchs Leben gegangen
Unsere gemeinsamen Jahre sind längst vergangen
Die Wege, sie führen uns in verschiedene Richtungen
Neue Wege zu gehen, erleben der Herausforderungen
Aber wohin auch immer uns das Herz verschlägt
Und egal, wohin uns der Wind auch trägt
Wir sind mit Gott und mit dem Leben verbunden
Wir waren getrennt und haben wieder zu einander gefunden
Das Göttliche kommt zu uns ganz still und leise
Sein Wille geschehe auf unserer Lebensreise
Wir sind von einem magischen Zauber umgeben
Sich selbst verzeihen lernen, sich selbst zu vergeben
Auch wenn uns hunderte von Kilometern trennen
Ich bin dankbar, dass wir uns alle kennen
Auch wenn wir rufen zu Ihm "Herr, verschließ mir nicht dein Erbarmen"
Er trägt uns unsichtbar in seinen Armen

o

Mein Schlüsselgeheimnis

Wohin du auch gehst, ich bin bei dir
In deinem Herzen rufst du nach mir
Ob du es willst, oder auch nicht
Ich bin und bleibe in deiner Sicht
Ich bin dein Leben, dein Abenteuer
In deinem Leben die Flamme, das Feuer
Auf deinem Weg, bin ich dein Ziel
Alles geschieht, so wie ich es will
Ich gebe dir die Liebe und den Freundeskreis
Du musst dann entscheiden - schwarz oder weiß
Halt dein Versprechen "gemeinsam bleiben"
Teile die Treue, aber auch das Leiden
Die Kraft eurer Liebe sie hat euch verbunden
Auf eurem Weg habt ihr zu euch gefunden
Glaube und Hoffnung trägt euch ans Ziel
Ich führe euch ins Licht, weil ich es so will
Meinen Namen schreiben die Herzen
Ich spüre mit euch die Liebe und Schmerzen
Was ich zusammen verbunden hab
Kann keiner trennen, hat keiner die Macht

o

Ich habe meinen Weg gefunden

Ich habe meinen Weg und meinen Traum gefunden
Er hat mein Leben verändert, mit Ihm bin ich verbunden
Für Ihn schlägt mein Herz, die Seele sehnt sich nach Licht
Ich spüre, wie meine harte Schale ganz langsam zerbricht
Im Ozean der Liebe kann man ertrinken
Ich lasse mich ganz in Seiner Göttlichen Liebe versinken
In Seiner Majestät fühle ich mich so klein
Ich tauche tiefer, lausche leise in mich hinein
Ich habe endlich zu mir gefunden, ich ruhe in mir
Mein Leben mit Gott – Heute, Jetzt und Hier...

o

Spis wierszy

44 Miejsce twego wytchnienia
45 Piękno deszczowego dnia
46 Potęga cierpienia
47 Czy Jesteś snem?
48 Pragnienie Ciebie
49 Mój Mistrzu
50 Twoje słowa
51 Spacer z Tobą
52 Jesteś
53 Twój blask
54 Pokochaj siebie
55 Zimowa bajka
56 Twoja twarz
57 Twoja bliskość
58 Ten moment
59 Droga Twego Poznania

60 Twój najpiękniejszy dar
61 Jesteś ze mną
62 Niesamowitość naszej znajomości
63 Pożegnanie mojej Przeszłości
64 Tęsknota za Tobą
65 Pomóż mi
66 W podziękowaniu za życie
67 Być z Tobą
68 Twoim jest wszystko
69 Jak długo jeszcze?
70 Gdzie Cię odnajdę?
71 Potęga Miłości
72 Moje przyjaźnie
73 Tajemnica jedynego dnia
74 Ja znalazłam moją drogę

Wstęp

Dawno, dawno temu...tymi słowami rozpoczyna się baśń, bajka mojego życia. Jak śpiąca królewna, która odnalazła drogocenną perłę, budziłam się z długoletniego, zimowego snu. I w mojej bajce nie brak jest złego czarnoksiężnika i złych czarownic. Ale istnieje też ten jedyny, wybrany, ukochany. On jest moją Alfą i Omegą. Z nim wszystko się rozpoczyna i z nim wszystko się kończy. Bajka, w której się znalazłam zafascynowała mnie. Napisałam tomik polskich wierszy, który po wielu latach stworzyłam na nowo. Tym razem w języku niemieckim. W ten sposób powstało moje dzieło, polsko - niemiecki zbiór moich wierszy.

Miejsce twego wytchnienia

Znalazłam miejsce mego wytchnienia
Twego spokoju, odosobnienia
Tu czuję moc i twoją siłę
Godzinny spacer zamieniasz w chwilę
Wokół cię widzę, wszędzie cię czuję
Z drzewem rozmawiam, z wiatrem obcuję
Jesteś chwilą, jesteś tchnieniem
Myślą, słowem, zapomnieniem
Jesteś czarem, serca żarem
Cudem i największym darem
Tu istniejesz tylko dla mnie
Co ja czuję? Któż odgadnie?
Cisza, spokój, ukojenie
Twoje piękno, barw odcienie
Słońca promień, wiatru powiew
Ptaków śpiew i echa odzew
Tu czuję błogość, miłości pełnię
Poznaję ciebie i twoją głębię

o

Piękno deszczowego dnia

Niebo ciemne, czarne chmury
Widok smutny i ponury
Dla mnie pięknem Twoim jest
Dasz mi burzę, wiatr i deszcz
I obsypiesz mnie perłami
Kryształami, Twymi łzami
Oddycham Tobą, oczy zamykam
Ciebie Jednego o drogę pytam
Dokąd prowadzisz? Gdzie mnie kierujesz?
Że w burzy, w deszczu drogę wskazujesz?
Spływasz leciutko po mojej twarzy
Co się w mym życiu jeszcze wydarzy?
Podmuchem wiatru czule całujesz
Siebie mi dajesz, siebie darujesz
Szumisz cichutko w koronach drzew
Czuję Twój podmuch, słyszę Twój śpiew
Chcę zaspokoić ciekawość mą
Czy kropla deszczu jest Twoją łzą?
Czy Jesteś smutny, czy też ponury?
Że skrywasz siebie w szarości chmury?
Twoje łzy deszczu moimi są
Łączę mą małość z Wielkością Twą
Czuję Cię w burzy, w deszczu ulewie
Kocham Twe Piękno, żyję dla Ciebie

o

Potęga cierpienia

Nie wiem kiedy, w który dzień
zrozumiałam, kocham cię
Był to dla mnie czas cierpienia
Tragedia życia bez zrozumienia
Czas rozstania, samotności
bólu, smutku, zawiłości
Był to maj, cudowna wiosna
Kolorowa i radosna
Nagła śmierć mój piękny dzień
zamieniła szybko w czerń
Wszystko wokół wirowało
Serce moje rozrywało
Nikt nie widział moich łez
Była wiosna, kwitnął bez
Nie widziałam cudowności
Twych wonności i piękności
Dla mnie istniał czarny dzień
A w mym sercu bólu cierń
I wiem dzisiaj, wiem na pewno
że ty byłeś zawsze ze mną
Powolutku każdy dzień
zamieniałeś w piękny sen
Cierpliwością się kierując
i wraz ze mną się radując
przywróciłeś radość życia
Sens istnienia mego bycia
I tak nagle, w piękny dzień
Zrozumiałam, kocham cię

o

Czy Jesteś snem?

Śniłam dzisiaj piękny sen
W moim śnie widziałam Cię
Obrazy z mojego życia
wyłaniały się z ukrycia
Byłeś, jesteś zawsze ze mną
Nie opuścisz mnie na pewno
Kroczysz ze mną Panie mój,
Ślad na piasku mój i Twój
To Ty całą moją przeszłość
zamieniłeś w teraźniejszość
Wokół mnie mój świat wiruje
Co się dzieje, nie pojmuję
Moje życie, każdy dzień
przesuwają się jak cień
Wszystko to co uśpił czas
tkwi niezapomniane w nas
Teraz widzę jak na dłoni
moje myśli jak w pogoni
Moją radość i mój ból
powiew wiatru, zapach pól
I nie boję się niczego
czując ciepło Pana mego
Jesteś wszystkim, jesteś wszędzie
Tym co było, tym co będzie
Jesteś najpiękniejszym darem
mego życia wielkim czarem
I wspominam na Twą mękę
A Ty w niewidzialny sposób
prowadzisz mnie za rękę

o

Pragnienie Ciebie

Byłeś mój, czułam Cię blisko
Dotyk Twój oznaczał wszystko
Uniesienie duszy, zapomnienie ciała
W letargu miłości ma dusza się zdała
Błogość Twą straciłam, siebie zagubiłam
Moim życiem ludzkim Ciebie zagłuszyłam
Pragnę Cię odszukać, bliskość Twoją znaleźć
W ciszy medytacji znowu Cię odnaleźć
Jak bardzo Cię kocham, jak bardzo Cię pragnę
Słowami ludzkimi tego nie ogarnę
Moc i siła Twoja w medytacji skryta
Tajemnica wielka, dla wielu zakryta
Nikt mnie nie rozumie, zrozumieć nie może
Że pragnę, że kocham tylko Ciebie Boże
Że Budda i Jezus to pełnia jedności
Medytacji siła, oddanie godności
Chęć Prawdy poznania, Ciebie zrozumienie
Oddaję mą duszę na jej odkupienie
Chcę poznać szlak Buddy, iść drogą Jezusa
Kosztować me życie miłością Chrystusa
Droga medytacji, droga ma końcowa
Na przyjęcie cierni będę też gotowa
Oddać Tobie wszystko, oddać się w pokorze
Złączyć się z Twym Światłem, zostać z Tobą Boże

o

Mój Mistrzu

Jesteś iskrą w mej miłości
Płomieniem gorącym mojej radości
Mego życia jesteś czarem
Moich dni płomiennym żarem
Twoją drogę mi wskazujesz
Wszystko wiesz i ze mną czujesz
Pomóż zrozumieć Twoje mądrości
Tajemne słowa pełne boskości
Ucz mnie pokory, ucz mnie skromności
Wśród przygód życia i zawiłości
Daj bystrość oczom, słuchu wrażliwość
Duchowi spokój a sercu miłość
Łagodność myśli, pogodność słowom
Pomóż podążać Twą boską drogą
Cierpliwość czynom, ufność bliźniemu
Wiary głębokiej słowu Twojemu
Tyś nauczyciel mojego życia
Sensu istnienia i mego bycia

o

Twoje słowa

Zauważ piękno, które cię otacza
Zapomnij przeszłość, która ciągle powraca
Nie planuj jutra, ten czas nie istnieje
Żyj, ciesz się chwilą co teraz się śmieje
Przeżyj świadomie dany ci dzień
Bo szybko minie, odejdzie w cień
Nie żyj w marzeniach, powróć z obłoków
Popatrz na bliskich i miłość wokół
Ja jestem z tobą, ja ci pomogę
Ciągle cię wspieram, wskazuję drogę

o

Spacer z Tobą

W opadających liściach z drzew-to Ty
Zamknięty w tajemniczym-My
Idę samotnie jak w każdy dzień
I gdzie nie spojrzę, spotykam Cię
Przygoda z Tobą to moje życie
Które zaczynam zaraz o świcie
Wschodem słońca witasz mnie
W śpiewie ptaków słyszę Cię
Twój pocałunek to wiatru tchnienie
Taniec kolorów i barw odcienie
I Twoim pięknem napełniasz mnie całą
Kiedy malujesz tęczę wspaniałą
Zamykam oczy, Tobą oddycham
I w moim sercu radośnie witam
Wszystko się srebrzy dzisiaj dokoła
Krzyczy do Ciebie, do Ciebie woła
W trawie kropelki rosy błyszczące
Lasy i pola Tobą pachnące
Dzikich łabędzi odlot wspaniały
To Twa potęga i przepych cały
Wznoszę ramiona moje w pokorze
Dziękuję Tobie o Wielki Boże
Napełniaj mnie mocą, napełniaj mnie siłą
Wlej swoją miłość i radość miłą

o

Jesteś

W ciszy i samotności
Odnajduję Ciebie, moja piękności
W słońca promieniu
W tęczy istnieniu
W echa odzewie
W gwiazdach na niebie
Ty swoją piękność roztaczasz wokół
Świecisz potęgą nawet w półmroku
W burzy i w deszczu, w wiatru poszumie
Chcę Cię odnaleźć, chcę Cię zrozumieć
Oświetlaj moją drogę niepewną
Stój zawsze przy mnie, bądź zawsze ze mną
Twe tajemnice chcę rozszyfrować
I w moim sercu jak skarb zachować
Dzieląc z innymi ten wielki dar
Rozdając wszystkim Twój Boski Czar
Kto pojmie moją miłość do Ciebie?
Kto mnie zrozumie, że żyję w niebie?
Bo moje niebo, to właśnie być
Tutaj i teraz i z Tobą żyć

o

Twój blask

Kto nie zna Ciebie, nie zna miłości
Kto poznał Ciebie, nie zna zazdrości
Spotykam Ciebie w poranny dzień
Podążasz za mną Ty i Twój cień
Świecisz jasnością, zwiesz się Miłością
Wokół jaśniejesz swoją pięknością
Bez Ciebie, życie traci swój urok
Spowite w smutek i nocy półmrok
Ty jesteś ze mną w każdej godzinie
Choć Cię nie widzę, Ty jesteś przy mnie
Jesteś uśmiechem, jesteś radością
Obdarzasz wszystkich Twoją mądrością
Choć zapominam w bólu godzinie
O Twym istnieniu, że stoisz przy mnie
Cichutko szepczesz słowa radości
„życie na ziemi to czas miłości"

o

Pokochaj siebie

Twoja dobroć mnie otacza
Miłość Twoja wciąż wybacza
Moje błędy, me szukania
Słyszysz głos mego wołania
I znajduję prawdy nowe
Dajesz to co unieść mogę
Tyle lat żyłam w ciemności
Nie widziałam Twej Jasności
Twoje słowa wciąż słyszałam
Miłość bliźnim rozdawałam
Innym wszystko poświęcałam
Ich przede mną wciąż stawiałam
Wszyscy ważni byli wokół
A ja stałam wciąż w półmroku
„Pora już pokochać siebie"
Popłynęło wprost od Ciebie
„Jesteś ważna i kochana
I potrzebna w tobie zmiana
Zmiana myśli, zmiana w tobie
Pomyśl w końcu raz o sobie"
I poczułam ulgę błogą
Gdy zastanawiałam się nad sobą
Wypełniłeś mnie czułością
I objąłeś Twą miłością
Otworzyłeś dzisiaj we mnie
Nową księgę potajemnie
Nowy rozdział w życiu mym
Wypełniony czarem Twym
Dzisiaj wiem, widzę to jasno
Przyszedł czas na miłość własną

o

Zimowa bajka

Mego życia jesteś światłem
Słońcem, chmurą, deszczem, wiatrem
Przez me życie idę pewnie
Twoja miłość mieszka we mnie
W pory roku się zamieniasz
Teraz wszystko w biel odmieniasz
Biel, to farba niewinności
Twej jasności i boskości
Mroźne poranki, zimne wieczory
To Twa potęga zimowej pory
Jesteś bajką śnieżną, zimną
Porą roku jakże dziwną
Puchem śniegu otulone
Łąki, drzewa jak uśpione
Spoglądam w górę, unoszę głowę
Błyszcząc spadają płatki śniegowe
Biała kraina, kraina czarów
Twojej piękności i Twoich darów

o

Twoja twarz

Twarz z Całunu, oblicze zaufania
Obraz pokory, nadziei i oczekiwania
Gdzie godność człowieka, jego duma?
Twarz bólu, rozpaczy i cierpienia łuna
Męka, rozpacz, tragizm życia
Razy, ciernie i obicia
Korony cierniowej rany
Ty, dla nas ukrzyżowany
Odbity na płótnie Twój ślad
Zachowany mimo upływu lat
Jest dowodem wieczności
Twej wielkości i nieskończoności
Tkwią w nim Prawdy niezgłębione
Tajemnice miłości utajone
Patrzysz na mnie dnia każdego
Oczami pełnymi uczucia wielkiego
Ty mnie kochasz i rozumiesz
Wszystko wiesz i ze mną czujesz
Siedzę w ciszy, na Ciebie patrzę
Co chcę widzieć to zobaczę
Uśmiechu Twego leciutkie drgnienie
Wgłębić się w Ciebie, to me pragnienie
Wiesz, że pokochałam Cię pewnego razu
Moja Miłości z boskiego obrazu

o

Twoja bliskość

We mnie mieszka Twój spokój
Czuję, widzę Cię wokół
Nie jesteś duchem, jesteś widzialny
Jakże widoczny i namacalny
W kawałku drzewa Ciebie znajduję
W małym kamyczku Cię odnajduję
Twoja cisza mną wibruje
Twego ciepła potrzebuję
Dziś rozumiem Cię inaczej
Już nie błądzę, szukam raczej
Pragnę poznać Twoje głębie
Kroczyć z Tobą, kroczyć pewnie
Tyle piękna mi darujesz
Życie wieczne obiecujesz
Jesteś pomocny w każdej godzinie
Mogę Cię dotknąć, bo jesteś przy mnie
Jesteś wszystkim i we wszystkim
Jakże moim, jakże bliskim
Nie w budowli z kamienia potęga Twa
Mój kościół dla Ciebie, to ja

o

Ten moment

Do nowego życia odrodziłam się
Spotkałam, poznałam i pokochałam cię
Twoja piękność i Twój spokój
Odebrały strach, niepokój
Ogrom bólu, rozpacz wszelką
Odmieniłeś w radość wielką
Jesteś niewidoczny, jesteś niewidzialny
Choć dla mnie tak bliski, jakże namacalny
Prowadzisz mnie za rękę, czuję Cię przy sobie
Me serce jest z Tobą, oddaję się Tobie
Podążam Twym śladem, bo wracam do Ciebie
Jesteś ze mną tutaj, będziesz także w niebie
Nikt mojej miłości zrozumieć nie może
Kto pojmie mą miłość? Tylko Ty mój Boże
Gdziekolwiek podążam wskazujesz mi drogę
Twych porad i nauk zapomnieć nie mogę
„Nie przejmuj się jutrem, dzisiaj jest twój dzień"
Powiedziałeś do mnie, zrozumiałam Cię
Liczy się ta chwila, ta jedna jedyna
Ważny jest ten moment, właśnie ta godzina
To co przeminęło jest tylko przeszłością
Ten dzień jakże ważny jest Twoją mądrością
Bo dzisiaj zasiewasz ziarenko wierności
Jutro wzrośnie, zakwitnie piękny kwiat miłości
Niczego nie mogę odkładać na potem
Co komu daruję, zwracasz mi z powrotem

o

58

Droga Twego Poznania

Podążam z Tobą szlakiem jedności
Drogą Poznania, lecz samotności
Twoja bliskość jest miłością
Wiara w Ciebie tchnie radością
Do Ciebie zdążam, idę Twą drogą
Twe drogowskazy mnie nie zawiodą
Me serce krwawi, smutna ma dusza
Samotność moja do głębi wzrusza
Wiem, że wskazujesz drogę wolności
Twego poznania, lecz samotności
Prowadź do światła, do Twej jasności
Ucz kochać ludzi, ucz Twej miłości
Żyć mądrością, Twą radością
Tobą żyć i Twą wolnością

o

Twój najpiękniejszy dar

Wybieram życie, kocham życie
Moje istnienie i moje bycie
Poznałam Ciebie, dla Ciebie żyję
I moje serce dla Ciebie bije
W krainie życia znalazłam Ciebie
I jak Cię kocham tego nikt nie wie
Życie jest bajką, piękną przygodą
I idę pewnie, bo idę z Tobą
Życie, kraina baśni i marzeń
Nieznanych przygód, cudownych zdarzeń
Me życie dla mnie, tego nikt nie wie
Jest najpiękniejszym darem od Ciebie

o

Jesteś ze mną

Jak zbłąkana owieczka szukam głosu Twego
W cichości, w spokoju, w głębi serca mego
W labiryncie życia szukam, odnajduję
Twą postać kochaną, blisko mnie tak czuję
W mgnieniu czasu, w szybkości dnia mojego
Potrzebuję bliskości i ciepła Twojego
Kręte drogi życia stają się prostymi
Kierujesz w nieznane krokami moimi
Kroczysz ze mną razem, jesteś zawsze blisko
Dziś wiem, że Twa bliskość, znaczy dla mnie wszystko

o

Niesamowitość naszej znajomości

Znajomość nasza zaczęła się dziwnie
Pomyłką, przypadkiem i jakże niewinnie
I coś się zmieniło, życie odmieniło
Uczucie nieznane w serce me wstąpiło
Wielka chęć poznania drogi mi nieznanej
Tej karty zakrytej, nagle mi podanej
Tajemnicza droga, szlak nowy, nieznany
Z Bożym Narodzeniem przez Boga mi dany
Z narodzeniem Jezusa, symbolem miłości
Odkrywam nieznany, nowy świat radości
Krainę poezji, słów pełnych czułości
Bożych niespodzianek, duchowej miłości
Nasze drogi różne choć bardzo podobne
Każdy moment piękny i dni tak pogodne
Jesteśmy wspólnotą, jesteśmy jednością
Połączeni Bogiem i Jego miłością

o

Pożegnanie mojej Przeszłości

Daruję naszą przyjaźń w Twoje Ręce
Powierzam naszą miłość Twojej Męce
Tęczy pomost rozścielasz nad nami
Tym co było, jest i przyszłymi dniami
Pragnę z Tobą przejść na drugą stronę
Zostawić za sobą wszystko co minione
Mej przeszłości mówię dzisiaj „żegnaj mi"
Otwierasz przede mną życia nowe drzwi
Doświadczam, poznaję, rozumiem, przebaczam
Z łagodnością, miłością w moją przeszłość wracam
I potrzebna rozłąka, oddalenie
Pożegnanie, samotność, rozłączenie
By pokochać siebie, by odnaleźć siebie
By zrozumieć Prawdę, by zrozumieć Ciebie
Dziś moja przeszłości żegnam cię
"żaden, co przykładając rękę swą do pługa wstecz nie ogląda się"

o

Tęsknota za Tobą

Me uczucia mkną ku Tobie
Jesteś w sercu, w myślach, w mowie
Mym pragnieniem Cię ogarniam
Twoje dary w sercu zgarniam
Ciała mego słodkie dreszcze
Czego mogę oczekiwać jeszcze?
Ma tęsknota mknie do Ciebie
Wiem, że żyję tutaj w niebie
Czemu płaczę? Nie wiem sama
Jestem w Tobie rozkochana
Twoje piękno mnie otacza
Choć bolesna przeszłość wraca
Wszystko wraca się powoli
Łzy i smutek, to co boli
Czasem się do głębi wzruszę
Rozpacz mą zapomnieć muszę
Lecz nie mogę wciąż uciekać
Bać się, lękać, na coś czekać
Z Tobą jest ogromna siła
Moc, potęga, radość miła
Drogi me prostujesz sam
Gdzie prowadzisz, dojdę tam
Wszystko oddać i porzucić
Na Twe Boskie Łono wrócić
Bo wiem czego pragnę, czego oczekuję
Od Ciebie to wszystko hojnie otrzymuję
Choć uczucia wracają i na coś ochota
Me życie to ciągła do Ciebie tęsknota
Tęsknota do Ciebie, tęsknota za Tobą
Wiara, Ufność i Miłość, one mi pomogą

o

Pomóż mi

Pomóż mi żyć, zapomnieć co było
Pomóż radować i cieszyć się chwilą
Nie bać się jutra, ten czas nie istnieje
Pomóż żyć chwilą co teraz się śmieje
Wymaż z pamięci czas przyszły, nieznany
Kosztować moment przez Ciebie mi dany
Pomóż pamiętać, że TERAZ panuje
Chwila obecna nad wszystkim króluje
Pomóż przez życie dzielnie wędrować
Przeżyć świadomie, nic nie żałować

o

W podziękowaniu za życie

Piszę do Ciebie, bo kocham Cię szalenie
Piszę o Tobie, boś moje Objawienie
Najpiękniejsze Imię Twoje
Odnalazło serce moje
Znaleziona Perło w oceanie słów
Gwiazdo moich marzeń, barwo moich snów
Piszę do Ciebie za życie dziękując
Ciebie poznawając i Ciebie kosztując
Tyś jasnością gwiazdy, co noc mą oświetla
Promieniami słońca, pogody i ciepła
Deszczem zraszającym spragnioną naturę
Dziękuję za burze, za śnieg, wiatr i chmurę
Darujesz mi Siebie w piękności kolorów
W upalnym dniu lata i w chłodzie wieczorów
Gdy serce me smutne, czuje ból, udrękę
Podajesz w przyjacielu pomocną mi rękę
W podziękowaniu za życie, za Ciebie, za wszystko
Dziękuję, że Jesteś, zawsze przy mnie, tak blisko

o

Być z Tobą

Kiedy zaczynam nowy dzień
Otwieram oczy, pozdrawiam Cię
Ciebie pierwszego witam z radością
Wiem, że dzień mój natchniesz boskością
Przed Tobą nic się ukryć nie zdoła
Me serce stęsknione szuka Cię dokoła
Jesteś wszystkim czego pragnę
Myślą, słowem Cię ogarnę
Opiekuńcze Twe ramiona nade mną
Wskazujące to wszystko co przede mną
Kocham każdy dzień uśmiechem kwitnący
Tobą się rozpoczynający i Tobą kończący
Nikt nie pojmie tego co we mnie rozbrzmiewa
Jesteś dla mnie Alfa, jesteś i Omega
Nic nie jest przypadkiem, wszystko jest celowe
Wskazujesz mi wejście na Twą Bożą Drogę
Jesteś moją mocą, jesteś moją siłą
Jesteś każdą myślą radosną i miłą
Uczysz przebaczenia, uczysz mnie radości
Przy Tobie poznaję błogi smak miłości
I pojęłam słowa płynące od Ciebie
„Jak żyłaś na ziemi, będziesz mieć też w niebie"
I Twą tajemnicę z głębin serca Twego
„Pokochaj bliźniego jak siebie samego"

o

Twoim jest wszystko

Twoja czułość jest tak blisko
Twoja miłość znaczy wszystko
Twoją nauką proste słowa
Prawdą przepojona mowa
Twą muzyką tonów brzmienie
Melodyjne ukojenie
Twoją wiedzą mądrość wielka
Twą potęgą władza wszelka
Twoim sercem miłosierdzie
Miłość rozdawana wszędzie
Twoim wszystko, Twoim całość
Życia cel i sens i radość

o

Jak długo jeszcze?

Jak długo trwać będzie twój ból i twe uśpienie?
Morze łez wylanych i krzyku cierpienie
Ręce wzniesione o pomoc wołają
Ciebie poszukują i ciebie wzywają
Jak długo pozwolisz żyć w strachu i lęku?
Siebie pozbawiony i swojego wdzięku
Jak długo ukryjesz swoją moc i siłę?
Podniesiesz się z ruin, zawołasz „ja żyję!"
Lot ptaków żelaznych zamienisz na pokój
Przywrócisz twą miłość, przywrócisz twój spokój
Jak długo twe serce zniesie ból, udrękę?
Pozbawione nadziei, wydane na mękę
Krzyczące o pomoc twe rączki dziecięce
Proszą, krzyczą, wołają:
„Wojny nigdy więcej!"

o

Gdzie Cię odnajdę?

Jesteś w śpiewie słowika,
jesteś w bzyku świerszczyka
Wszystkie gwiazdy na niebie
lśnią swym blaskiem od Ciebie
Nawet kwiaty na łące,
słońca promienie błyszczące,
uśmiech dzieci radosny,
zapach lata i wiosny.
Zimy mroźne wieczory,
farby jesiennej pory.
Jesteś w wiatru poszumie
Kto Cię kocha, zrozumie
Jesteś w nauce, w muzyce,
w rozmyślaniu, w zachwycie
W łzach i smutku, rozpaczy
Kto Cię kocha, zobaczy,
że radością wibrujesz,
każdą duszę ratujesz
Każdego doprowadzisz sam
do nieba bram

o

Potęga Miłości

Nieważne, że kilometry dzielą nas
Jesteś z nami teraz i w każdy czas
Ty łagodzisz smutek i tęsknoty ból
Zbliżasz przestrzeń dzielących nas lasów, pól
Twoja miłość łączy nas i zbliża
Niewidzialny most, który wszystko przybliża
Jesteś twierdzą broniącą miłości
Tajemnicą szczęśliwości i wiecznej radości
Jesteś czasów dziecięcych wspomnieniem
Dni dzisiejszych i jutrzejszych marzeniem
Gdy oczami dziecka wracam w mój świat
To nieważne, że minęło już tyle lat
Ze istniałeś - wiedziałam, choć Cię nie rozumiałam
Nie kochałam, bo nie znałam
Twego piękna nie widziałam
Dzisiaj wiem, że byłeś w konwaliach i bzach
W miłości matczynej, jej uśmiechu i łzach
W jej radości i smutku, kłopotach i lękach
W sercu kochającym, w spracowanych rękach
Dziś widzę inaczej choć patrzę tak samo
Dziękuję Ci Boże, dziękuję ci Mamo

o

Moje przyjaźnie

Trzydzieści lat temu żeśmy się poznały
W latach młodzieńczych siebie zapoznały
Poszłyśmy przez życie różnymi drogami
On był zawsze przy nas, On był zawsze z nami
Straciłam cię z oczu, zgubiłam twój ślad
Zapomniałam twą postać na trzydzieści lat
Nagle coś ożyło, w serce me wstąpiło
Młodzieńcze przyjaźnie znowu obudziło
Nasze drogi różne, jednak się spotkały
To odpowiedź Boga: "bo spotkać się miały"
On nas połączył, On nas jednoczy
Swoją Miłością zawsze nas otoczy
I setki kilometrów oddzieliło nas
On jest z nami wszędzie i w każdy czas
I choć Go nie widzisz w cierpieniach i mękach.
On w niewidzialny sposób niesie cię na rękach

o

Tajemnica jedynego dnia

Gdziekolwiek idziesz, idę za tobą
Gdziekolwiek zdążasz, ja kroczę z tobą
Czy chcesz czy nie, jestem przy tobie
Jestem twą myślą, jestem w twym słowie
Jestem twym życiem, życia przygodą
Czy chcesz czy nie, ja idę z tobą
Wyznaczam szlaki, wskazuję drogę
Gdy szukasz wsparcia, ja ci pomogę
Łączę twą przeszłość z teraźniejszością
Wszystko otaczam moją miłością
Ma tajemnica dnia jedynego
Chwili tak wzniosłej, dnia tak ważnego
To połączenie, to ślubowanie
To miłość, wierność, to twe oddanie
Już nic nie znaczy samotne TY
Jesteś związana tajemnym MY
Kroczycie wspólnie mą Bożą Drogą
Ja idę z nim i idę z tobą
Idziecie razem waszymi drogami
A ja was łączę i jestem z wami
Błogosławieństwem me słowa kończę
Nikt nie rozłączy, co ja połączę

o

Ja znalazłam moją drogę

Odkryłam moją drogę, znalazłam mój sen
Odmienił moje życie, zmienia noc na dzień
Dla niego serce bije, do niego dusza lgnie
Me życie mu poświęcam i żyć nie boję się
Choć w Jego Majestacie czuję się tak mała
Oddaję mu siebie, oddaję się cała
Wybieram duchowość, wybieram nieznane
Bo wiem, że to wszystko przez Boga mi dane

o